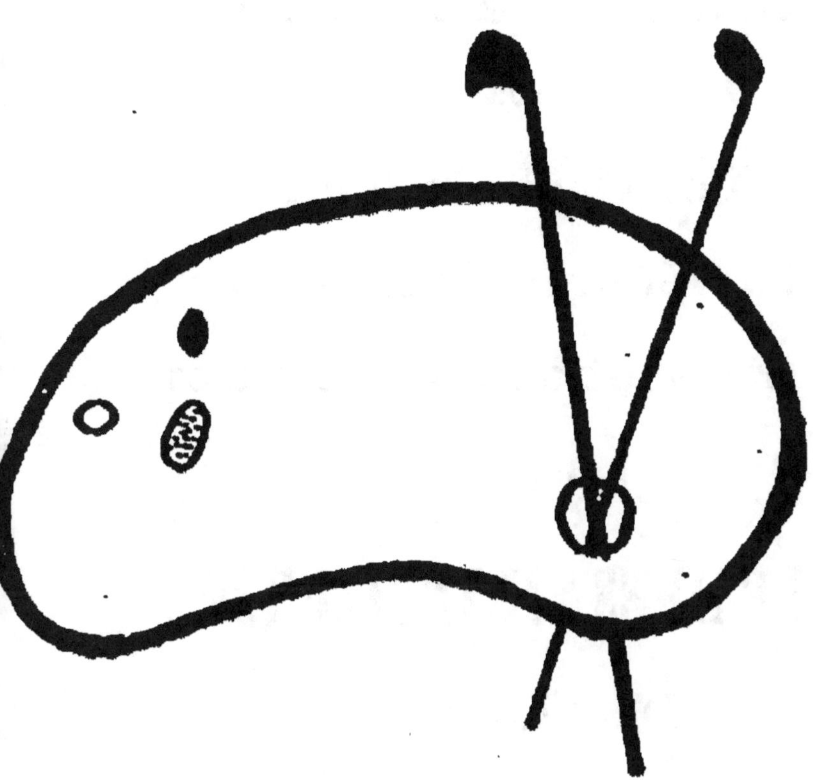

DEBUT D'UNE SERIE DE DOCUMENTS
EN COULEUR

APERÇU GÉNÉRAL

SUR

Les Capitulations,

La réforme judiciaire,

L'Intervention des puissances

DANS LES

AFFAIRES INTÉRIEURES

DE L'ORIENT

PARIS

CHARLES SCHILLER, IMPRIMEUR

—

1877

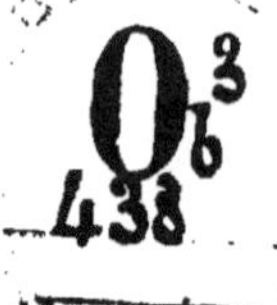

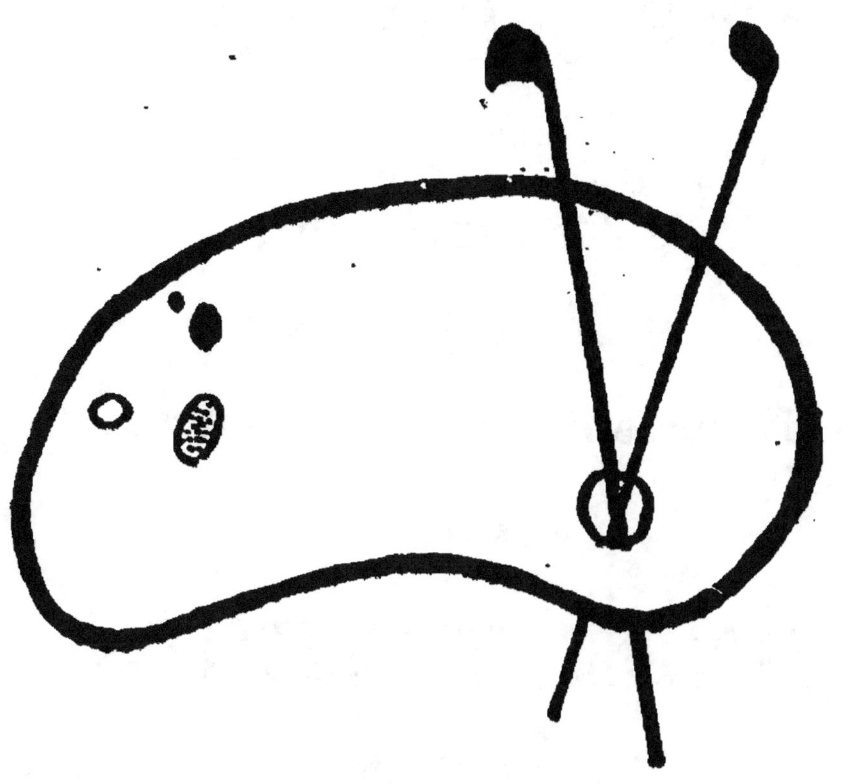

FIN D'UNE SERIE DE DOCUMENTS
EN COULEUR

APERCU GÉNÉRAL

SUR

Les Capitulations,

La réforme judiciaire,

L'Intervention des puissances

DANS LES

AFFAIRES INTÉRIEURES

DE L'ORIENT

PARIS

CHARLES SCHILLER, IMPRIMEUR

—

1877

APERÇU GÉNÉRAL

sur les capitulations, la réforme judiciaire et l'intervention des puissances dans les affaires intérieures de l'Orient.

—

Franzensbad, le 11 septembre 1877.

Mon cher ***,

J'ai reçu votre lettre du 0 de ce mois. On attribue, me dites-vous, le déficit inexplicable des revenus de la douane à la protection que les capitulations accordent aux Européens, protection qui leur permet de faire la contrebande.

C'est le cas pour moi de dire, comme dans Molière : « Je suis tout ébaubi et je tombe des nues. » Mais est-ce cette année-ci seulement que les capitulations existent et qu'elles protègent les Européens qui se livrent à la contrebande ? Est-ce aussi aux capitulations qu'on attribue le déficit survenu dans le rendement des chemins de fer ? Est-ce aux capitulations que doit être aussi rapporté le déficit constaté dans les octrois ? Car vous savez bien, mon cher ***, que ce n'est pas seulement les douanes, mais aussi les chemins de fer et les octrois, qui ont diminué. Or, les capitulations n'ont rien à faire ni rien à voir dans ces deux dernières administrations. Quant aux capitulations, vous ne pensez pas, que moi qui, depuis 1867 jusqu'en 1875, ai lutté contre toutes les puissances pour leur abolition et leur remplacement par un état plus légal et plus régulier, j'aille ici me porter leur défenseur ; mais, franchement, dans le cas actuel, on les accuse d'un crime dont elles sont innocentes, à savoir : le déficit survenu dans la douane, déficit qu'on qualifie d'*extraordinaire*, d'*inexplicable*. Pour moi, c'est plutôt cette assertion qui est inexplicable. Le déficit annoncé est constaté dans l'exercice des années 1876 à 1877. Est-ce qu'en 1875, en 1874, en 1873, en 1870 enfin, et les années précédentes, les capitulations n'existaient pas ? car si le déficit *actuel* provient des capitulations, cela revient à dire que ce n'est *qu'actuellement* que les capitulations entravent l'exercice des autorités douanières, et que, les années précédentes, elles ne présentaient aucun obstacle à leur action. Est-ce possible ? Nous nous sommes toujours plaints de la contrebande, laquelle existait en 1870 tout aussi bien qu'elle existe en 1877. Elle peut avoir augmenté en 1877 ; mais les capitulations ne peuvent être la cause de cette augmentation, car les capitulations, outre l'inviolabilité du domicile, accordaient, avant la réforme, aux Européens, des facilités bien plus grandes qu'elles ne le font actuellement. Je vous prie de prêter votre plus grande attention à ce que je viens d'écrire.

En 1873, le gouvernement n'avait même pas le droit de faire respecter, ni d'appliquer un règlement de police. Donc, les capitulations mettaient à son action des entraves autrement sérieuses qu'elles ne le font actuellement. Si donc il y a augmentation de contrebande, cette augmentation n'est pas due aux capitulations. Il faut en chercher la cause autre part.

J'ai mes idées à ce sujet ; je vous les exposerai à la première rencontre.

Quant au déficit dans les revenus de la douane, des octrois, des chemins de fer, c'est autre part que dans les entraves que les capitulations mettent aux *visites domiciliaires*, qu'il faut en chercher la raison.

La raison est là, évidente ; et on ne veut pas la voir ! elle est dans la misère du pays ainsi que dans la cessation des transactions journalières du commerce.

Depuis les affaires financières du vice-roi, beaucoup de personnes ont quitté l'Egypte. Toutes les familles indigènes, comme étrangères, ont réduit leurs dépenses de la moitié, des trois quarts. Ne croyez pas que j'exagère. — Qui avait quatre chevaux ne va plus qu'à baudet ou à pied; qui se faisait habiller à Paris, se prive actuellement de toilette ; les familles qui dépensaient deux ocques de viande, quatre de légumes, n'en dépensent plus qu'une. Les employés ne sont pas payés ; ceux qui ont à recevoir du gouvernement, attendent et se découragent, Comment voulez-vous qu'ils dépensent? Comment voulez-vous que le négociant fasse venir des cotonnades que le paysan ne peut acheter? Comment voulez-vous qu'il fasse venir des ustensiles de cuivre, expression de l'aisance du ménage égyptien, lorsque le paysan est obligé de vendre ses propres ustensiles de ménage, pour faire face aux *exactions* et aux *impôts illégaux*? Je souligne le mot *illégaux*, parce que le paysan peut parfaitement acquitter les impôts *avoués* et avoir encore du bénéfice. Est-ce que cette raison n'est pas assez évidente par elle-même pour rendre compte du déficit des douanes?

Pourquoi aller en chercher la cause principale dans la contrebande, qui est un mal qu'on doit tâcher d'extirper, mais qui a toujours existé, plutôt que de voir cette

cause principale dans la misère du pays, misère ame-
née et entretenue par les principes, les agissements qui
dirigent son administration? Donner au gouvernement le
droit de visite absolu et abolir de cette manière le dernier
reste des capitulations, rien de si juste ; le délivrer de
cette clause oppressive des anciens traités, rien de si
bon, et je le désire de tout mon cœur ; mais, en même
temps, le gouvernement à son tour, pourquoi ne déli-
vrerait-il pas les populations égyptiennes de ses mesures administratives, oppressives et fiscales, et ne
donnerait-il pas à ces populations une administration
un peu plus juste, et basée sur des principes d'économie
politique, plus sains que ceux qui ont cours actuellement ?

Le gouvernement anglais, me dites-vous, est prêt à
aider le vice-roi dans cette question de l'*inviolabilité
du domicile*, cause principale de la contrebande. J'en
suis très heureux, et s'il avait pris en main, dès le
commencement de mes négociations sur la réforme, la
protection des vrais intérêts égyptiens, comme il semble
disposé à le faire actuellement pour l'inviolabilité du
domicile, il se serait actuellement et depuis longtemps
assuré sur l'Égypte une influence salutaire, bienfaisante et prépondérante. Le gouvernement anglais peut
s'assurer cette influence actuellement en protégeant le
vice-roi ; mais en prenant cette protection en main,
n'a-t-il pas le devoir et même l'obligation de lui faire
entendre : que le droit de visite, de perquisition, est un
droit qui, dans son exercice, demande la plus grande
modération, la plus extrême délicatesse, que ce droit
est lié et touche intimement à la liberté personnelle,
liberté à laquelle les Anglais et les nations les plus
avancées attachent la plus sérieuse importance ; que
certainement les puissances, sur l'invitation du gou-

vernement anglais, pourraient consentir à abandonner ce droit en faveur du gouvernement égyptien; mais que leur consentement serait bien plus promptement obtenu si le vice-roi donnait des preuves ou des garanties, par sa conduite envers ses propres sujets, de la modération qu'il apporterait dans l'exercice de ce droit.

Le vice-roi se déclarerait prêt à donner toutes les garanties jugées nécessaires, et ferait montre de ses sentiments de modération ; mais il y aurait lieu de lui faire encore comprendre que dans les négociations pour obtenir le remplacement des capitulations par l'établissement de la justice, le vice-roi, comme preuve de sa sincérité, avait déclaré et avait pris l'engagement, écrit par moi, d'établir cette justice uniformement sur tous les habitants de l'Égypte, indigènes et étrangers, et qu'à peine les tribunaux établis, il s'était complétement affranchi de cet engagement et avait limité la justice aux étrangers, en laissant les indigènes soumis toujours aux mêmes agissements arbitraires; — que le droit de visite et de perquisition existe, il est vrai, dans certains pays de l'Europe, mais que dans ces pays-là il y a la justice et certaines autres institutions qui sont un *check*, un contrôle et en même temps une garantie contre les agissements de l'administration, et que les puissances, avant d'abandonner ce droit de visite à un prince étranger, désireraient être persuadées que le même contrôle, qui agit sur elles, agit aussi sur lui, à savoir le contrôle de la justice.

Si, par la protection des droits du vice-roi, vous parvenez à lui imposer le contrôle de la justice administrée par les juges des tribunaux de la réforme; si, une fois dans cette voie, vous le forcez à établir son administration dans une voie autre que celle qu'il suit actuellement, vous aurez fait du bien à lui, à l'Égypte, et vous vous serez assuré votre influence.

Mais si vos efforts ne doivent tendre qu'à investir le vice-roi du droit absolu de perquisition et de visite pour affaires de contrebande, dans ce cas vous aurez donné au vice-roi une extension de pouvoir, et conséquemment d'arbitraire, au détriment de la prospérité du pays et de votre propre commerce avec l'Égypte. Lorsque je parle ici d'extension de la justice à obtenir du vice-roi, c'est pour une double raison : 1° en thèse générale, je ne sache pas qu'il puisse y avoir une administration méritant, tant soit peu, ce nom, sans organisation de la justice ; et 2° parce que l'organisation de la justice est intimement liée à la question des capitulations. Je dirai même plus : capitulations, réforme judiciaire, sont deux expressions synonymes, deux formes de garanties tendant à la protection des intérêts privés.

Pour vous convaincre de ce que j'avance, vous n'avez qu'à prendre les papiers déposés, en juillet ou août 1868, sur le bureau de la Chambre des Communes, vous trouverez une note de moi sur la réforme judiciaire : elle roule tout entière sur les capitulations. Vous trouverez également une réponse de lord Stanley (lord Derby) qui, à propos de cette réforme, fait l'exposé le plus lucide, le plus impartial des capitulations ; — et enfin, pour votre édification complète, prenez le rapport de la commission française 1867, publié dans le Livre jaune de 1869, qui, discutant la même question de la réforme, la rejette comme étant un prétexte spécieux pour abolir les capitulations qui servent de garanties aux Européens contre l'arbitraire de l'administration. Ainsi, réforme judiciaire, justice et capitulations sont des questions identiques, et ces questions seront de nouveau soulevées, lorsqu'il s'agira de visites domiciliaires.

Après ces considérations générales, examinons si le gouvernement n'a aucun moyen sinon d'empêcher absolument la contrebande, du moins de diminuer les manœuvres mises à la disposition de messieurs les fraudeurs.

La marchandise en contrebande, une fois emmagasinée dans un magasin ou maison d'étrangers, est à l'abri, grâce à l'inviolabilité du domicile. Mais cette marchandise, pour arriver au domicile, après avoir été débarquée clandestinement, se trouve encore forcée de traverser une partie de la ville pour arriver au magasin qui doit la récéler. Si elle échappe à la surveillance lors du débarquement, les employés de la douane peuvent-ils oui ou non la saisir à terre avant son arrivée au domicile de l'étranger? Pour moi, cela ne fait aucun doute. Et je vais vous citer un fait à l'appui. En 1870, le gouvernement était encore dans l'impuissance d'établir le moindre ordre en fait de police. Les consuls jouissaient de toute leur autorité. Au retour de ma mission en Europe, la police, sur l'ordre du vice-roi, fut obligée de demander au consulat de France la suspension d'un journal qui attaquait non tant le gouvernement, mais bien plutôt le consulat. Comme de raison, le consulat général trouva moyen de ne rien faire.

J'écrivis en conséquence et déclarai le journal suspendu. Il parut et fut colporté dans la rue. Un de nos policemen saisit plusieurs numéros sur un individu qui déclara vouloir les vendre. L'individu appela au secours. Un certain Maruffy (Français) accourut et tira l'épée contre le policeman, qui, alors, avec l'aide de ses camarades, mena les deux coupables au consulat. Le consul général me demanda réparation pour la saisie d'un journal sur la personne d'un Français. Je lui demandai la punition du Français, comme ayant contrevenu aux ordres de la police, et celle de son compagnon, pour avoir tiré l'épée contre le policeman. Pour toute réponse, le consul général de France placarda, sur la porte du consulat, le lendemain matin, une affiche par laquelle il invitait les Français à s'armer et à repousser, par la force, les officiers de la police égyptienne. Voilà, mon cher ami, comment l'on entendait les capitulations, en 1870, à mon retour d'Europe. Le vice-roi était ému; il se préparait à expédier un envoyé à Constantinople pour expliquer l'affaire, et, comme je n'en faisais que rire, il prit le bon parti de quitter Alexandrie pour le Caire, d'où, entre parenthèses, il m'écrivit la lettre la plus curieuse du monde, à savoir que je portais dans les affaires publiques des sentiments personnels. Je lui répondis que les affaires publiques m'avaient attiré beaucoup d'inimitiés personnelles, mais que, dans le cas présent, j'avais à établir, une fois pour toutes, les droits de l'autorité, et que je ne les abandonnerais pas. Je m'y pris de manière à obtenir que tous les consuls généraux se réunissent pour apprécier la mesure du consul de France, car je menaçai, à mon tour, de faire saisir tout Français qui se trouverait armé. Les consuls, en réunion, condamnèrent le consul de France, ce qui, entre parenthèses encore, leur attira une verte réprimande de la part de leurs gouvernements pour s'être mêlés d'une affaire qui leur était étrangère, et avoir apprécié la conduite d'un représentant d'une autre puissance. La querelle entre le consulat francais et moi grandit; le gouvernement français intervint directement et menaça de s'adresser à Constantinople. Je tins bon et fus content — mon désir était d'appeler la publicité sur les faits et gestes de ces messieurs.

Enfin, le gouvernement français me demanda directement de soumettre le cas à l'arbitrage de trois consuls généraux. Avec le consentement de leurs gouvernements respectifs, Stanton (Anglais), Jasmund (Allemand) et de Martino (Italien) furent nommés arbitres. Le cas à juger était de savoir si la police avait le droit de saisir un journal défendu, *colporté* dans les rues. *La sentence unanime fut en ma faveur*, et le vice-roi se félicita de sa fermeté. Or, cher ami, je ne vois pas de différence entre un journal, dont la circulation est interdite, et qu'on colporte en contrebande, et une marchandise qu'on transporte en contrebande dans les rues d'Alexandrie. Je crois que les officiers de douane ont le droit de demander, à l'individu qui transporte cette marchandise, d'exhiber le reçu de la douane.

La police doit connaître les magasins ou les maisons qui servent aux marchandises passées en fraude. Pourquoi ne pas les garder à vue, et dès que la marchandise en sort, puisqu'il faut bien qu'elle en sorte, pourquoi ne pas demander au porteur d'exhiber le reçu de la douane ?

Je sais bien que tout cela est long et plus difficile que de pénétrer droit dans le domicile, mais enfin ces mesures, moitié par l'effet moral, moitié par leurs résultats matériels, atténueraient les effets de la contrebande.

Les marchandises destinées à la contrebande sont *stored*, me dites-vous, dans des bâtiments, au port d'Alexandrie, jusqu'au moment favorable à leur débarquement frauduleux.

La douane ne peut se transporter à bord des bâtiments pour faire des perquisitions ; mais je voudrais savoir si ce que vous appelez *vessels* ne sont pas des navires ancrés dans le port, et qui servent en guise de magasins flottants, comme celui qui sert d'entrepôt à la Compagnie péninsulaire? S'ils sont dans ce genre, si ce sont des magasins flottants, les capitulations n'ont rien à faire; la capitainerie du port, qui exerce la police du port, à qui ce droit est reconnu, n'a qu'à faire un règlement de police du port qui défende le séjour et l'établissement de magasins flottants. En 1870, on n'avait pas reconnu ce droit au gouvernement; mais son droit, depuis 1873, est hors de doute et de contestation.

Si ce que vous appelez *vessels* se trouve être des navires allant, venant, mais stationnant seulement plus longtemps que les autres, la question est différente. Je ne puis rien dire de loin; consultez à cet égard les prescriptions du traité de commerce avec la Porte en 1862 ou 1868. En tout cas, sur ce point, chargez d'agir notre ami Mackillup, et je vous assure qu'il fera bonne chasse aux contrebandiers.

Arrivons au second point de votre lettre. Les Européens ne contribuent pas dans une mesure entière aux charges du pays. *En dehors des impôts-personnels, les capitulations n'exemptent pas les Européens des taxes.* Jusqu'en 1873, ils n'en payaient pas. A cette époque, c'est moi qui les ai fait payer pour montrer aux consuls que les capitulations, au nom desquelles ils repoussaient la réforme, ne constituaient pas une vraie protection, et que la vraie protection de l'Européen consistait dans la justice qui, tout en le soumettant à des charges légales, le garantissait contre les actes illégaux et les exactions.

J'ai fait adopter ces impôts, pressé par le ministre des finances et le vice-roi qui, à diverses reprises, avaient essayé avec Chérif de les établir, mais qui n'avaient pas réussi. Je l'ai fait à contre-cœur, parce que je savais

que la manière de les percevoir par le gouvernement serait vicieuse, et les rendrait encore plus lourds.
Toutefois j'avais mon projet : c'était, une fois les
tribunaux fonctionnant, d'établir deux conseils municipaux, au Caire et à Alexandrie, et de leur confier,
pour compte du gouvernement, la perception de ces
impôts qui alors se serait faite régulièrement en les
déchargeant ainsi de ce qu'ils avaient d'odieux.

Examinons tous les impôts payés par la population
et voyons si les étrangers les paient aussi bien que
les indigènes :

Le paysan fellah paie un impôt sur la terre qu'il cultive. L'étranger paie également le même impôt *légal et
avoué* sur la terre qu'il cultive. — Le fellah paie l'impôt sur les dattiers de son champ. — L'étranger paie
également l'impôt sur les dattiers de son champ. Ces
impôts sont régulièrement reconnus depuis 1873; avant
cette époque, on avouait le devoir de les payer en principe; actuellement, le principe est devenu un fait; s'il y a
quelques-uns qui ne paient pas, la faute en est au gouvernement. D'ailleurs, peu d'Européens sont propriétaires.
Le gouvernement n'encourage pas, au contraire, il met
des difficultés à la propriété des Européens.

Le fellah qui possède une barque paie un impôt annuel
au gouvernement; les Européens, et il y en a peu, trois ou
quatre à peine, qui possèdent des barques, paient également ce droit. Les propriétaires des dahabiéhs (barques
de voyageurs) Européens et fellahs, paient un droit
annuel; la barque ou la dahabiéh du fellah qui passe
aux écluses ou sous les ponts paie un péage; la barque
ou dahabiéh de l'Européen paie également ce droit de
péage. Une observation pour vous donner une idée de
la manière dont on entend les principes économiques.
A Kafr-Zeyat-Benha, il y a un pont pour le chemin de fer;

au Caire, un pont pour les piétons. Eh bien, au Caire, les piétons qui profitent du pont ne paient pas ; les barques, auxquelles on a créé ainsi un obstacle factice, paient, outre la perte de temps qu'ils subissent. La différence entre la barque de l'Européen et celle du fellah est la suivante : A Kafr-Zeyat, la barque du fellah qui reste en aval ou en amont du pont et décharge sa marchandise à un kilomètre du pont paie comme si elle avait passé le pont. La barque de l'Européen inspire un peu plus de pudeur.

Le poisson et le sel sont deux monopoles ; l'Arabe et l'Européen, qui consomment du poisson, du sel, se trouvent contribuer également à la même charge.

L'Arabe, depuis 1873, année dans laquelle j'ai consenti à ce que l'octroi fût établi, paie le droit d'entrée. L'Européen l'acquitte aussi. Les consuls protestèrent d'abord, mais ils finirent ensuite par s'y soumettre sans trop de retard.

L'Arabe paie pour la pierre de construction, pour la chaux, etc., qui sont transportées en charettes.

L'Européen paie également.

L'Arabe paie pour sa maison. A ce propos, un mot d'explication : l'Européen ne payait pas. En 1873, on avait décrété qu'il paierait ; aucun consul n'éleva des objections ; le droit du gouvernement était ici plus qu'évident, plus que constaté. Mais, sur ces entrefaites, pour m'être opposé ouvertement à un droit de douane, sous le nom d'octroi, qu'on voulait mettre sur les marchandises provenant du Soudan, et sur les prétentions que le gouvernement avait d'empêcher les transactions particulières entre commerçants soudaniens et commerçants européens du Caire, en faisant vendre, par son entremise propre, aux enchères, les marchandises de ces Soudaniens, je fus remercié du service. Toutefois, à ma sortie, comme on s'aperçut que toutes ces mesures du gouvernement n'étaient que des mesures fiscales, sans qu'il en résultât un bénéfice quelconque pour le bien public, le consulat général d'Allemagne déclara que le droit d'imposer les maisons des Européens était un droit incontestable du gouvernement. Mais comme celui-ci n'en avait pas fait usage de tout temps, le droit en question était tombé en désuétude ; le non-acquittement de cet impôt était passé dans les usages ; toutefois, le gouvernement allemand ne s'opposait nullement à ce que les maisons fussent imposées, mais il entendait qu'elles ne le fussent que d'un commun accord, pour être sûr que la juste mesure ne serait pas dépassée.

Si les Européens ne paient pas, c'est la faute du gouvernement ; il n'a qu'à les faire payer. C'est son droit, plus que son droit.

L'artisan égyptien paie une certaine somme par an (très forte, trop forte ; c'est là où l'arbitraire a libre cours), pour exercer sa profession.

L'Européen (artisan, marchand, banquier) ne paie pas ; les capitulations, et même le traité de commerce, si je ne me trompe, l'en exemptent réellement.

Je vous ai donné la liste de tous les impôts ; jugez maintenant et appréciez vous-même.

Pardon, encore un ! Le boucher fellah est obligé d'abattre ses bêtes à l'abattoir ; il paie tant par tête de bête abattue. Les bouchers européens, jusqu'en 1873, refusaient d'aller à l'abattoir ; j'ai écrit que la mesure était mesure de police sanitaire et qu'ils devaient abattre leurs bêtes comme les fellahs ; ils voulurent opposer la force ; je fis employer la force de la police et, devant cette force, leurs consulats reconnurent qu'ils devaient se soumettre aux lois de police. Depuis lors, ils paient le droit en abattant leurs bêtes à l'abattoir.

Puisque je suis en train d'écrire, laissez-moi vous citer encore un fait. Le négociant européen qui exporte des marchandises pour l'Europe de Massaoua, port du Soudan, province égyptienne, paie 1 0/0 des droits de sortie à Massaoua. Le négociant arabe qui fait venir une marchandise du Soudan, par Massaoua, paie un droit de douane, de sortie, de 8 0/0 ; en outre, à Suez, si je ne me trompe, et je suis presque sûr de ne pas me tromper, il paie un autre droit de douane, droit d'entrée. Enfin, j'ai calculé avec les négociants, frais de transports par mer, douanes et lazarets (quoiqu'il n'y ait pas d'épidémie), les frais que supportent les marchandises exportées de Massaoua pour le Caire sont de 42 à 70 0/0 de leur valeur. Une peau de chevreau qui coûte 20 paras à Souahim, port égyptien de la mer Rouge, paie 30 paras de droit de lazaret. Etonnez-vous, après cela, que le commerce du Soudan soit tué, et que le khamzawiéh (bazar des Soudaniens) soit désert. Et dire, cher ami, que j'ai été pendant six mois ministre du commerce dans cet heureux pays! il est vrai, à ma décharge, que l'ordre du vice-roi, concernant ma nomination, est resté dans ma poche, lettre morte. J'ajoute qu'après ma sortie du service, Chérif fut nommé à ma place, et l'Angleterre eût la bonté de lui envoyer deux directeurs généraux de première force, pour ce même ministère du commerce. On me redonna ce même ministère à ma rentrée au service. Je le retrouvai dans l'état où je l'avais laissé, avec deux directeurs généraux, deux sous-directeurs, tous Anglais; en sus, il y a un long rapport de moi sur cette douane de Massaoua et le commerce du Soudan, qui un jour sera une richesse pour l'Egypte; et il m'a fallu quatre grandes pages pour démontrer que le Soudan, province égyptienne attenant à l'Egypte proprement dite, se trouve, commercialement parlant, plus près de l'Europe que de l'Egypte elle-même.

C'est une justice à rendre au vice-roi ; mon rapport, de même que son premier ordre créant le ministère du commerce, en ma faveur, resta complétement lettre morte. — Ah! l'heureux pays que Dieu a placé dans la position la plus centrale pour le commerce, qui a un fleuve magnifique servant de route à ses produits et qui, malgré cela, trouve dans les intérêts du commerce et les siens, de créer des obstacles à l'écoulement de ces produits, sous forme de ponts, pour prélever un impôt sur ces mêmes produits. Cette manière d'agir, je vous l'assure, parce que je l'ai entendu de mes oreilles, passe pour le comble de l'habileté financière. Construire des ponts, parce que leur construction sera payée en cinq ans, ou bien en dix ans par le péage des barques, et qu'après cette époque, ce sera un revenu clair pour l'Etat.

C'est vous, cher ami, à qui on devrait confier ce ministère ; — mais dans le cas où vous ne trouveriez pas un impôt analogue à celui des ponts, le vice-roi aurait une mince opinion de vos capacités financières ! Est-ce que vos consuls ne vous apprennent pas parfois ces petits détails sur le commerce du Soudan?

Assez causé ; revenons à notre affaire. Ainsi, en dehors *des impôts personnels, impôts de patente*, que les capitulations n'admettent pas, l'Européen paie actuellement toutes les taxes que paient les Egyptiens. S'il y en a une qu'il n'acquitte pas, c'est une tolérance et une faiblesse du gouvernement, lequel a tous les droits et toute l'autorité de faire cesser l'abus.

En ce qui concerne ces impôts personnels, c'est-à-dire droits de patente, j'ai une idée que je vais vous expliquer et qui me dispensait de nouvelles négociations pour arriver — chose essentielle, à mon avis, après toutes les fatigues et les ennuis suscités par la réforme judiciaire, — pour arriver, dis-je, à l'abolition de ce privilége des Européens.

Les personnes qui avaient intérêt à ce que la réforme judiciaire ne se réalisât pas, mais qui en même temps ne pouvaient dissimuler au vice-roi les embarras, le désordre que dix ou douze consulats créaient dans le pays en entravant l'autorité de la police, avaient mis dans la tête de Son Altesse de constituer à Alexandrie une municipalité dirigée par un conseil municipal, composé d'indigènes et d'étrangers. Le gouvernement, disaient-ils, serait de cette manière, débarrassé de tous les malfaiteurs européens, parce que ceux-ci passeraient alors sous la juridiction de la municipalité (dont le conseil, par cela seul qu'il serait composé d'Européens, trouverait plus de facilités auprès des consulats). A l'instant même, parut un décret instituant la municipalité, signé Chérif, et un projet, en je ne sais combien d'articles, signé Colucci, organisant la municipalité. Envoi du décret ainsi que du projet aux consulats.

Communication m'en est faite à Paris ; j'écris au vice-roi que j'avais tout lieu d'être étonné qu'au moment où j'annonçais, de la part de Son Altesse, à tous les gouvernements que, sous l'empire des capitulations, il était impossible à l'administration égyptienne d'édicter ou d'appliquer un règlement de police ou un règlement municipal, le vice-roi, par l'institution de la municipalité, se donnait un démenti à lui-même. J'avais à peine écrit cela que j'apprenais que les consuls généraux avaient purement et simplement, Stanton en tête, renvoyé à M. Colucci son projet, et à Chérif son décret, comme contraire aux priviléges des Européens. La tentative échouée, on fut bien obligé de me laisser aller en avant avec les négociations. Une commission internationale au Caire accepta la réforme; un voyage à Constantinople me fit de nouveau obtenir l'autorisation de la Porte. Un voyage nouveau à Paris me fit avoir le consentement final de la France, l'approbation de votre gouvernement, celle de l'Allemagne. C'était au commencement de 1870, lorsque le vice-roi, qui se trouvait à cette époque à Constantinople, m'envoya l'ordre d'abandonner toute négociation relative à la réforme.

A la fin de l'année je me rendis en Egypte. C'était le grand-vizir qui avait représenté au vice-roi qu'avec la réforme il perdait tout pouvoir sur le pays; qu'il livrait le pays aux étrangers, qui sous le nom de juges, deviendraient les administrateurs déguisés et les arbitres de toute chose en Egypte. Aly-Pacha et la Porte, dès le premier jour où je leurs eus exposé mes idées, pressentaient sous ces idées les propositions de la Conférence tenue il y a six mois à Constantinople. On avait mis en tête au vice-roi que pour mieux en finir avec la réforme, il devait changer les propositions relatives à l'organisation de la justice, en propositions en vue de l'installation d'une municipalité; que cette municipalité réprimerait les désordres des Européens, apporterait la régularité, sans porter pour cela atteinte à son pouvoir. A mon retour donc en Egypte, voilà mon vice-roi qui me propose d'établir cette municipalité et qui m'engage à écrire en conséquence aux consulats généraux. J'écrivis, et contrairement à ce qui était arrivé à Chérif-Pacha et à Colucci, les idées émises par moi furent acceptées par toutes les puissances, la vôtre en tête, et les consuls généraux m'écrivirent en conséquence. Heureusement, l'Italie fit exception. L'Italie déclara qu'elle avait bien consenti à abandonner les privi-

léges, dont jouissaient ses nationaux, contre l'ensemble
des garanties que mon projet de réforme judiciaire présentait ; mais qu'elle ne croyait pas devoir abandonner
les avantages acquis, en échange des garanties partielles
qu'offrait le projet de municipalité, lequel, en somme, ne
présentait pas pour le bien-être de l'Egypte les assu-
rances que présentait la réforme judiciaire. Devant ce
veto italien force fut de s'arrêter, et, fort de l'appui
inespéré des Italiens, je me mis à expliquer au vice-
roi qu'une municipalité, surtout lorsqu'il s'agissait
d'une ville comme Alexandrie, peuplée d'éléments hété-
rogènes, était un petit gouvernement dans un gouvernement, et que, pour moi, jamais je ne consentirais
à l'établir, à moins que la réforme judiciaire, m'ayant
rendu tous les droits et toute l'autorité qui appartient à
un gouvernement, ne m'eût permis de le faire sans
danger pour le gouvernement.

Je représentai en même temps au vice-roi et au
muffetich que la réforme judiciaire était l'abolition des
capitulations, et que l'abolition des capitulations entrai-
nerait, nécessairement, l'obligation pour les Européens
de payer des taxes indirectes, dont actuellement ces
capitulations étendues abusivement les exemp-
taient.

En réponse à cette opposition de ma part, on me proposa, en attendant l'établissement des tribunaux, de
commencer par mettre ces impôts indirects sur les
indigènes. Pour moi, je refusai de sanctionner cette
mesure restreinte, car faire payer des taxes aux
fellahs, et ne pas les faire payer aux Européens,
aurait été agrandir encore la ligne de démarcation
qui existait entre les uns et les autres, ligne que
je tendais à faire disparaître par l'établissement d'un
code de lois et de règlements qui devait également

et uniformément régir les uns et les autres (il s'agissait d'impôts d'octrois).

Les négociations pour la réforme furent reprises; elles aboutirent; mais je vous ai dit comment et pourquoi je fus amené à consentir aux taxes de l'octroi et à y soumettre les Européens, après une lutte contre les consulats, avant que la réforme ne fût complétement acceptée. J'ai toujours considéré ces droits d'octroi comme des droits qu'on doit éviter ou limiter autant que possible. En Egypte, je les ai considérés comme justifiés, parce que je ne trouvais pas juste que les habitants de la Basse et de la Haute-Egypte payassent des taxes pour rendre carrossables les routes, parcourues par les voitures de ces messieurs qui, à l'abri des capitulations interprétées abusivement, faisaient du luxe à Alexandrie. Ma répulsion venait de ma conviction que ces droits une fois établis, ils seraient perçus par le gouvernement d'une manière si brutale, si injuste, que leur assiette, au lieu d'être modérée serait si exagérée, qu'en définitive leur revenu ne compenserait pas le mal qu'ils créeraient. Je me disais pourtant qu'après l'établissement des tribunaux, ce qui n'était plus qu'une affaire de mois, les municipalités, à leur tour, seraient établies, et qu'on serait nécessairement amené à faire un partage des revenus avec la ville, c'est-à-dire à laisser à la ville certains droits, comme ressource pour ses frais d'entretien, de routes, gaz, et qu'alors je laisserais à la ville la perception des octrois dont je lui abandonnerais une partie; que la ville ayant la perception, cette perception se ferait sans trop de charges pour les contribuables, que l'assiette de ces impôts serait plus modérée, car la ville y serait intéressée elle-même, et que, pour le surplus des ressources dont le conseil municipal aurait eu besoin, je lui aurais très bien fait entendre que le gouvernement ne voulait point le prendre à sa charge, et que le conseil avait à sa disposition, messieurs les négociants, industriels et autres étrangers d'Alexandrie, négociants, industriels représentés dans le conseil, auxquels il pouvait s'adresser pour avoir des ressources; que ces messieurs, ne payant pas les droits de patente au gouvernement, pouvaient bien se les payer à eux-mêmes pour la réparation de leurs routes, leur éclairage, etc.

Moitié par conviction, moitié par honte, le conseil serait arrivé à taxer les négociants pour droits de patente, j'en suis convaincu.

De cette manière, j'aurais atteint, me disais-je, le double but de taxer les Européens pour des droits, dont les capitulations les exemptent réellement, ainsi qu'à enlever aux fonctionnaires du gouvernement, ainsi qu'à leur manière arbitraire de procéder, la perception de taxes odieuses par leur nature.

Réforme judiciaire, abolition de priviléges iniques et injustes des Européens, égalité pour les charges et pour le traitement légal des étrangers et des indigènes, et conséquemment, disparition de tout sentiment d'envie entre les uns et les autres, le moins bien traité portant toujours naturellement envie à celui qui est privilégié, tout cela formait dans ma tête un ensemble, dont toutes les parties étaient liées intimement entre elles. A quel point il m'a été donné de réussir, vous-même actuellement pouvez l'apprécier. Un Anglais *strait forward* comme vous trouvera le moyen imaginé par moi, d'arriver à faire acquitter des droits personnels aux Européens, comme quelque chose de compliqué, d'alambiqué. Mais, cher ami, mettez-vous dans ma position. Je suis un simple individu; le vice-roi peut me briser dans une minute, ainsi qu'il l'a prouvé depuis ; il voit que tous mes efforts tendent à limiter son autorité ; il le voit, il le comprend ; de l'autre côté, j'ai affaire à des puissances insouciantes ou intéressées, mais ayant en tous cas des intérêts divers en Egypte, au point que lord Derby, en 1808, me disait que je ne réussirais jamais à réunir dans une idée commune, les différentes puissances qui avaient des intérêts en Egypte, à cause de la diversité de ces mêmes intérêts. Ajoutez à tout cela l'opposition ouverte ou secrète des consulats dont je poursuivais l'annulation au point de vue de leurs pouvoirs proconsulaires, l'inimitié de privilégiés qui considéraient des privilèges acquis injustement comme des privilèges qui leur étaient dus, mettez-vous dans ma position, dis-je, et peut-être m'excuserez vous d'avoir eu un projet aussi alambiqué.

Pour en finir, mon ami, si le gouvernement anglais décide que les sujets anglais, exemptés par les capitulations des impôts personnels, doivent acquitter ces impôts au gouvernement égyptien, rien ne sera plus simple. Le gouvernement anglais, prenant l'initiative, il entraînera les autres gouvernements à abandonner ce même droit dont jouissent leurs nationaux. Mais, au nom de Dieu, si on fait de pareilles concessions, que ce soit à l'Egypte, que ce soit pour soulager les charges du paysan égyptien et non pour que le bénéfice soit enfoui dans le gouffre du gouvernement égyptien. Qu'on demande au vice-roi, avant de lui faire des concessions, qu'il donne, lui aussi, un peu de repos aux populations et que s'il veut être digne de la justice de la part du gouvernement, il doit, lui, se montrer, non-seulement à son tour, mais d'avance, juste envers ses sujets. Voilà mes idées ; voilà la voie que j'ai suivie ; voilà celle que je voudrais voir suivre à votre gouvernement; voilà ma réponse à votre lettre.

Elle est longue, interminable, mais la dernière en cette matière.

----●----

Frenzenstad, le 12 septembre.

Cher ami,

J'ai commencé ma lettre hier, au moment où mes enfants allaient souper; je l'ai terminée et il était deux heures du matin. Vous dire que j'ai pu dormir le reste de la nuit serait inexact. Ainsi que je vous le disais, c'est une nuit que je porte à votre compte. Toutes ces idées de progrès, d'administration, de justice en Egypte, qui commençaient à sommeiller en moi, vous les avez réveillées. Ce sont de pénibles et lourdes idées qui ont évoqué des souvenirs de fatigue, d'anxiété, d'angoisses. Parviendrai-je à introduire la justice en Egypte; parviendrai-je à abattre ce pouvoir exercé d'une manière malsaine que les consuls s'arrogent à l'égard d'un gouvernement faible, et que chaque Européen, à l'instar de son consul, s'arroge à l'égard des indigènes ? Parviendrai-je à abattre définitivement ce pouvoir absolu du vice-roi et à mettre fin à tout ce que la population souffre, et y parviendrai-je uniquement par l'introduction dans le pays de la justice et de la publicité, seules forces capables de servir de frein à l'absolutisme ? Voilà des questions que je ne cesse de me poser à moi-même. Une fois lancé dans cette voie, je me mis à me demander comment j'aurais agi, si j'eusse été encore à mon ministère. Hé! bien, cher ami, j'ai trouvé deux moyens aussi légaux, aussi réguliers l'un que l'autre. Sur ça je m'endors, mais le matin, en me reveillant, je fais une troisième découverte. C'est que je suis un naïf, oui un naïf qui s'est cassé la tête pour enfoncer une porte ouverte ou qui a cherché midi à quatorze heures. *Les capitulations n'entravent point l'action du gouvernement.* Si l'autorité trouve nécessaire de faire une visite domiciliaire, les capitulations, comme c'est naturel, réglementent seulement cette visite. Le gouvernement a bien le droit de saisir un individu, d'exécuter sur lui une sentence, mais il ne doit le faire qu'en présence du drogman consulaire; il a le droit de perquisition, mais la perquisition doit être faite en présence d'un délégué du consul. Tel est le texte des capitulations. Vous voyez combien lord Stanly a raison lorsqu'il dit que les capitulations n'ont jamais eu la prétention de soustraire un étranger à l'action de l'autorité territoriale. Leur but, ajouterai-je à mon tour, a été de régler cette action.

En présence de ce texte qui se trouve appliqué chaque jour, pourquoi la douane, qui connait les entrepôts des recéleurs, n'envoie-t-elle pas quérir un délégué du consulat et ne procède-t-elle pas, lui présent, à la perquisition? C'est bien simple, n'est-ce-pas? Je sais que le gouvernement prétendra que le consul refusera d'envoyer son délégué ou qu'il y apportera de tels retards, que la marchandise aura tout le temps d'être transportée dans un nouveau dépôt, ou bien même qu'il refusera net comme cela est arrivé maintes fois.

Cela était exact avant la réforme judiciaire, mais non depuis.

Les consulats n'ont jamais nié le texte des capitulations relatif à la nécessité de la présence du délégué.

Seulement, ils prétendaient qu'il leur appartenait d'apprécier la valeur des raisons que le gouvernement avançait pour demander la présence de leur délégué; (et, entre parenthèses, vous verrez, sur ma note dont je vous ai recommandé la lecture, que ce sont ces prétentions admises par le gouvernement qui ont été la cause de tous les usages abusifs, venus à la suite des capitulations).

Toutefois, dans la commission internationale du Caire, j'ai attaqué cette question directement et cela à propos de l'exécution des sentences que les nouveaux tribunaux auraient rendues.

Les consuls prétendirent, d'abord, que c'étaient à eux à exécuter la sentence, puisqu'en dehors d'eux on ne pouvait entrer dans le domicile de l'Européen, puis ils trouvèrent que vraiment cela ravalait leur dignité que d'être, pour ainsi-dire, les huissiers-exécutants du tribunal. Une fois dans cette voie, et afin d'en sortir, certains consuls prétendirent qu'avant de procéder à l'exécution de la sentence, ils devaient pouvoir en apprécier la valeur; puis enfin, invoquant le texte des capitulations, ils demandèrent qu'on ne procédât pas à l'exécution, en dehors de la présence de leur délégué. Je protestai à mon tour, même contre le texte des capitulations, en faisant observer aux consuls que, peu à peu, on reviendrait à l'état de choses auquel on voulait remédier, car les consuls seraient entraînés insensiblement, par la force des circonstances, à leurs anciens errements, car, placés en présence d'un gouvernement faible, ils seraient amenés à prétendre juger de l'opportunité d'envoyer ou de ne pas envoyer leur délégué, ce qui, en dernière analyse, annulerait une sentence, puisque son exécution se trouverait soumise, pour ainsi dire, à leur révision.

Ils déclarèrent alors tous, officiellement, que les capitulations leur imposaient l'obligation d'envoyer leur délégué lorsqu'ils en seraient requis. Cette déclaration officielle, et que je n'acceptai pourtant pas, est consignée dans les procès-verbaux de la commission internationale, signés par eux, approuvés par les puissances. C'est alors qu'il fut établi, sur ma demande, que le consul averti ou requis quelques heures avant l'exécution, était dans l'obligation d'envoyer son délégué *et que, si ce délégué ne se trouvait pas à l'heure fixée, le tribunal et la police passaient outre et entraient dans le domicile de l'étranger.*

Quelle garantie plus forte peut-on donner au gouvernement égyptien relativement à l'envoi du délégué consulaire, que la déclaration des commissaires des puissances, appréciant les capitulations en commission internationale?

En cas de refus ou de retard, ces commissaires ne se sont-ils pas donné la peine d'indiquer au gouvernement la marche à suivre?

Que voulez-vous de plus? Je vous demande donc, les capitulations entravent-elles l'action de l'autorité en fait de contrebande? Ou bien, est-ce plutôt l'ignorance des fonctionnaires à l'égard de leurs droits qui les entrave? En quoi, en qui consiste la cause de cette contrebande? Appréciez et jugez vous-même.

Assez écrit, cher ami, je suis fatigué et humilié d'avoir rempli des pages que j'aurais pu me dispenser d'écrire si je n'avais pas cherché midi à quatorze heures.

Paris, le 18 septembre 1877.

Mon cher ***

Je vous ai dit qu'en dehors des droits de capitation, droits personnels, que j'avais assimilés aux droits de patente, les capitulations n'empêchent point le gouvernement égyptien de taxer les Européens.

En vous écrivant ces mots, je sentais que je faisais une confusion entre droit de capitation, droit personnel d'un côté, et droit de patente de l'autre. — Mais si je vous prouve que les capitulations n'empêchent pas aussi les droits de patente, quelle raison restera-t-il aux hommes de bonne volonté pour amener le vice-roi à être juste envers ses sujets, afin d'inspirer ainsi confiance aux puissances dans ses sentiments de modération et avoir droit à son tour à leur justice? — Quelle raison restera aux hommes de bonne volonté pour l'amener à établir un régime municipal à Alexandrie et au Caire et à soustraire ainsi la perception d'impôts lourds par eux-mêmes aux procédés arbitraires et autoritaires d'employés, lesquels suivent en cela l'esprit général qui préside aux destinées du pays?

Si aujourd'hui je me décide à vous écrire et à vous démontrer que les capitulations n'ont jamais logiquement et également soustrait les Européens aux droits de patente, c'est parce que je suis persuadé que si le vice-roi *de lui-même* et *unaided* entreprend des négociations pour les établir, ses prétentions seront repoussées par les puissances, surtout en présence de l'esprit de révolte qui, dites-vous, s'élève en tout l'Orient contre l'influence et les idées européennes. — De sa propre initiative, le vice-roi ne pourra réussir à éta-

blir celle nature d'impôts sur les étrangers que par l'or-
ganisation des municipalités auxquelles il ferait aban-
donner ces taxes, car l'installation des municipalités, au
lieu d'être une révolte contre les idées européennes, n'est
au contraire que l'introduction de ces idées dans ce qu'elles
ont de plus sain et de plus salutaire, à savoir: l'aména-
gement, la gestion et la direction des intérêts des par-
ticuliers par ces particuliers eux-mêmes.

Il y a une seconde manière pour le vice-roi de réussir, c'est d'amener votre gouvernement à se mettre en
son lieu et place et à négocier pour lui. — Cette manière
de faire serait un bien, parce qu'elle établirait un pro-
tectorat moral en créant entre l'Angleterre et l'Egypte
les obligations de protégé à protecteur. — Mais l'Angleterre se mettra-t-elle au lieu et place du vice-roi?
Je ne le crois pas, et si elle ne lui donne qu'une adhé-
sion platonique, comme dans la réforme judiciaire, le
vice-roi n'est pas en état de réussir.

Si j'eusse pu suivre ma carrière en Egypte, je
vous assure que je ne vous aurais pas donné occasion
de protéger moralement ou autrement l'Egypte, parce
que j'aurais tout fait pour me suffire à moi-même et
n'avoir pas besoin de recourir aux bons offices de qui
que ce soit.

J'écris au courant de la plume, cher ami, je suis
mes idées, mais à la manière des enfants qui s'arrê-
tent ou se détournent souvent de la grand' route; aussi
permettez-moi de vous citer une phrase qui se trouve
dans la lettre que j'ai adressée au vice-roi pour le
prier de m'accorder ma démission; vous y verrez tout
un programme : « Pendant douze ans que j'ai servi
» Votre Altesse, je n'ai eu qu'un but, qu'une idée, le
» vôtre, à savoir : la grandeur et l'indépendance de
». l'Egypte basées sur sa bonne administration et sur la

» distribution égale et impartiale de la justice, sans la-
» quelle il n'y a ni administration ni progrès réel pos-
» sible. » — J'aurais pu ajouter, mais pour certaines
raisons je n'ai pas voulu le faire, que j'avais poursuivi
cette idée avec d'autant plus de persévérance que seule
elle pouvait fournir le moyen à un Etat en voie de formation d'échapper aux influences étrangères auxquelles tout pays faible se trouve soumis forcément.

Ceci dit, venons aux capitulations. Le petit histo-
rique que je vais vous faire, vous ne le trouverez nulle
part. Votre *Foreign-Office* vous rira au nez. Mais
croyez que je vous offre là un précis auquel la logique
et l'histoire m'ont conduit.

Les capitulations ne datent pas seulement de Suley-
man-le-Grand et de François Ier de France. Il y avait aux
douzième et treizième siècles des capitulations qui réglaient les relations commerciales des Pisans avec les
Soudans d'Egypte. Il y a des capitulations qui datent du
neuvième siècle, accordées par les Maures à la ville de
Narbonne lors de la conquête du midi de la France, et
conservées dans les archives de cette ville. Les capitulations ont existé de tous temps en Orient. Dans l'an-
tiquité pharaonique, à l'égard de la Syrie; dans l'an-
tiquité romaine, à l'égard des juifs, avant la destruc-
tion de Jérusalem par Titus; en un mot, les capitulations sont le mode de procéder du conquérant musulman à l'égard des nations non musulmanes vaincues et
soumises par lui. Comment, en effet, a procédé la conquête musulmane? Aux chrétiens, aux juifs soumis elle
a posé l'alternative ou de changer de religion ou de
payer un tribut, tant par tête, impôt de capitation
équivalent et expression du droit accordé au vaincu
de conserver sa religion, ses mœurs, ses usages. C'est ce
droit, cette capitation qui porte en turc le nom de *kharadj*,

et auquel, jusque vers ces derniers temps, les non-musulmans étaient encore soumis. En laissant aux chrétiens, aux juifs leurs croyances, le conquérant musulman leur laissa logiquement leurs propres lois. Remarquez que le code musulman ne fait point de distinction entre la loi religieuse et la loi civile ; en leur laissant leurs lois, il était encore logique qu'il laissât aux interprètes de ces lois, prêtres ou rabins, le soin d'interpréter et d'appliquer cette loi, à laquelle lui musulman était complétement étranger. Il s'ensuivit naturellement que chaque nation vaincue forma dans l'État une communauté à part, ayant ses propres lois appliquées par les évêques et le conseil des notables (aldermen) *toutes les fois qu'il s'agissait des rapports que les membres de cette communauté pouraient avoir et avaient* ENTRE EUX ; mais dès qu'il s'agissait des rapports *entre un membre de la nation victorieuse et un membre de la communauté soumise,* il était logique que la loi à appliquer fût la loi du vainqueur, loi naturellement interprétée par les juges de la nationalité victorieuse.

Tout crime ou tout délit, en cela seul qu'il touchait à l'état général du pays, ressortissait du tribunal du vainqueur et non du tribunal de la communauté. Voilà comment la société civile était et est encore organisée en grande partie en Orient. Au moyen âge, vous aviez quelque chose d'analogue en Angleterre. Vous aviez vos corporations, vos guildes ; les contestations que les membres d'une même guilde avaient entre eux étaient décidées par les aldermen de la guilde. C'étaient les franchises dont la corporation jouissait. Mais si un membre de la guilde avait affaire à un homme du roi ou d'un baron puissant, le roi s'emparait de l'homme de la guilde parce qu'il avait la force, et le baron en faisait autant, si également, lui aussi, était le plus fort, Dans

ses rapports avec le roi ou l'Etat, la guilde était considérée comme un corps spécial, et l'Etat traitait non avec chaque membre individuellement, mais bien avec le conseil dirigeant la guilde. Cette manière de procéder convenait aux Etats primitifs, parce qu'il simplifiait beaucoup les rouages administratifs, et que dans les Etats où la société se trouve encore en formation, le respect des droits individuels.
de chacun est un principe d'importance secondaire.

Au seizième siècle, le commerce était un monopole en Orient entre les mains des républiques italiennes. C'est vers cette époque que les gouvernements militaires commencèrent à sentir l'utilité du commerce; la France, en outre, avait besoin des Turcs pour les guerres contre Charles-Quint. De là des ouvertures et des négociations avec la Porte, qui amenèrent une invasion de la Hongrie par Suleyman et l'octroi aux Français du droit de faire, *sous certaines conditions et réserves*, le commerce en Orient et d'habiter sur le territoire turc dans des *conditions déterminées*. C'est le résultat de ces conditions qui est consigné dans le premier traité de commerce fait par une puissance européenne, traité de commerce nommé *capitulation*. Lorsque je dis puissance européenne, il faut, bien entendu, excepter les républiques italiennes.

Toutes les capitulations sont identiques à celle de François Ier. La première condition était que la capitulation n'était valable que durant la vie du sultan qui l'avait octroyée. Il est curieux de suivre les négociations que les puissances poursuivaient au commencement de chaque règne pour renouveler leurs capitulations, c'est-à-dire continuer à jouir du droit de commercer. Votre *Foreign-Office* vous dira lui-même que les capitulations ne sont en somme que des traités de commerce.

Ces traités réglaient en outre les rapports civils des

étrangers avec la population et le gouvernement ottomans, ainsi que les immunités commerciales dont ils jouissaient.

Les immunités commerciales, je n'en parlerai pas, parce qu'elles ont été remplacées par les traités de commerce de 1836 — et si vous lisez la vie de lord Palmerston, par Bulwer, vous verrez comment celui-ci obtint le premier traité. — Qu'il vous suffise de savoir que par la signature de ce traité, la Porte voulait porter un coup à la puissance de Mehemed-Aly, en mettant fin au monopole que le vice-roi exerçait en Egypte.

Quant à la situation civile des Européens à l'égard de la population et de l'Etat, le gouvernement ottoman suivit en cela le système en vigueur à l'égard des peuples soumis.

Les Européens de chaque nationalité formaient une communauté; dans leurs relations ENTRE EUX, les membres de la communauté étaient soumis à leurs propres lois appliquées par leurs propres chefs, c'est-a-dire leurs consuls.

Dans leurs relations avec les hommes du pays, c'était la loi musulmane qui était appliquée et cela par le juge musulman, le cadi. Pour les relations qui concernaient la sécurité publique et la police, c'était la police territoriale qui agissait.

Tout ceci est consigné dans les capitulations. C'est pour cela que dans la dépêche de lord Derby vous verrez qu'il est dit que « *les capitulations n'ont jamais eu pour but de soustraire l'étranger à l'action des autorités locales, etc., etc.* »

Mais comme Suleyman était un grand prince, connaissant la valeur du commerce, il établit certaines garanties pour la protection du commerçant et il fut stipulé : 1º Que les contestations entre l'Européen et l'indigène seraient portées *seulement*, et à l'exclusion de tous autres tribunaux, devant le tribunal du cadi de Galata (quartier alloué aux Francs) ou devant le grand douanier de Constantinople. — 2° Que ces deux magistrats ne devaient pas procéder à l'examen de la cause sans que le drogman du consulat ne fût présent. — 3° Qu'une sentence ne pouvait être exécutée sur un Franc ou dans son domicile, sans la présence d'un délégué du consulat.

Il est évident qu'en octroyant ces garanties, Suleyman voulait soustraire les Francs qui apportaient la richesse dans ses Etats à tout arbitraire, et qu'il n'entendait pas qu'on procédât envers des étrangers, ignorant la langue du pays, sans qu'un interprète officiel pût exposer leur cause ou leurs raisons.

J'appelle toute votre attention sur le paragraphe que je viens de souligner.

Quant aux impôts, l'Européen n'eut pas à payer le *kharadj*, c'est-à-dire la capitation. Puisque l'Européen n'avait pas été vaincu, il n'avait pas été soumis, il n'avait donc pas à payer pour avoir le droit de pratiquer sa foi. L'Européen ne fut pas soumis à l'impôt foncier, à l'impôt sur immeubles, pour la simple raison que l'Européen n'avait pas le droit de devenir propriétaire. — (Le droit de propriété n'a été accordé aux étrangers qu'en 1867, conformément à des protocoles signés entre la Porte et les puissances).

Il n'avait pas à payer un droit pour l'exercice d'une industrie, parce que les capitulations lui refusaient le droit d'en exercer une (il fallait, d'ailleurs, faire partie d'une guilde pour avoir ce droit). Pour la fabrication des vins seulement il y avait une exception mentionnée en faveur d'un couvent, à Smyrne, si je ne me trompe, dans lequel il était permis de faire du vin, non pour la vente, mais pour l'usage seul des religieux.

Je vous ai donné presque le texte, mais, en tous cas, la vraie contexture des capitulations. Si les Européens actuellement exercent des métiers, des professions, s'ils sont boulangers, banquiers, c'est en dehors du texte et de l'esprit des capitulations. Les stipulations des capitulations ne peuvent logiquement leur être appliquées. En exerçant des professions réservées par les capitulations aux indigènes, il s'ensuit que légalement et logiquement, ils doivent les exercer sous les mêmes conditions que les indigènes; ils doivent acquitter les mêmes droits. Tout ceci est juste; mais, à cela, la puissance européenne avec laquelle vous aurez à traiter ne vous répondra-t-elle pas, et cela avec d'autant plus d'autorité qu'elle a la force pour elle. « Il est vrai, je
» reconnais que mon administré, en exerçant un mé-
» tier, est en dehors des capitulations et que, consé-
» quemment, les stipulations de ces traités ne peuvent
» lui être appliquées; mais l'esprit des capitulations ne
» se retrouve-t-il pas dans des garanties données à
» l'étranger contre l'arbitraire en usage et en vigueur
» chez vous, témoin le drogman dont la présence est
» nécessaire, témoin la désignation spéciale de deux
» fonctionnaires appelés à connaître de leurs causes à
» l'exclusion de tous autres. Les capitulations vous
» engagent et vous obligent à la justice dans vos
» rapports avec les étrangers; tout impôt dont vous
» grevez leur industrie, s'il est modéré, s'il est perçu
» suivant des formes légales et régulières, est juste,
» d'accord; mais, si votre impôt est excessif, il devient
» injuste; si vos procédés, si votre ASSIETTE DE L'IMPÒT
» sont arbitraires, ils sont contraires à l'esprit des ca-
» pitulations; nous ne pouvons admettre cela, *surtout*
» *lorsque chaque jour vous inventez des impôts nouveaux*

» *non dans un but utile, non afin de faire face à une*
» *œuvre tendant au bien public, mais bien pour satisfaire*
» *à des goûts de dépense. D'ailleurs, ce droit vous ne*
» *l'avez pas exercé; il est tombé en désuétude (IN ABI-*
» *GANCE); il est donc contraire aux usages.*

Remarquez, cher ami, que je ne porte aucun jugement sur la justice de ce langage; je le constate seulement, parce qu'il m'a été tenu et avec une logique moins apparente que celle que j'apporte dans ma rédaction. N'est-ce pas en résumé la communication du gouvernement allemand après ma première sortie de service à propos de l'impôt sur immeubles? Que répondra le vice-roi à ce langage, surtout lorsqu'il est entendu que c'est lui qui est le plus faible? Que répondrez-vous, vous-même, si on vous montre comme argument les dépêches de votre ministère où l'on soutient que les usages font loi tout autant qne le texte? Que répondrez-vous, enfin, lorsque vous aurez vu que M. Hammond, actuellement lord Hammond, homme profondément versé dans la science hébraïque, comparait les capitulations au Talmud, qui était la loi, et les usages aux commentaires du Talmud, qui faisaient également loi? Je ne puis m'empêcher de rire en me rappelant ce souvenir. Il faut être vraiment Anglais pour voir les capitulations dans le Talmud! Mais le pauvre Hammond, qui entre parenthèses nous a fait beaucoup de mal, et qui a paralysé le bon effet de la dépêche de lord Derby, parce qu'il prétendait que je voulais me servir de l'Angleterre, à l'égard de la France, comme du « catt's paw » (demandez à Lackiez), le pauvre Hammond, dis-je, se faisait sans doute ce raisonnement : « Le Talmud, c'est
» un livre fait en Orient et qui résume la loi des
» Hébreux; les capitulations sont aussi la loi qui résume
» les rapports des Européens en Orient, qui sont aussi

» un peuple d'Orient — donc les capitulations et le
» Talmud sont identiques.» — Pauvre vieux Hammond,
que le mal qu'il a fait par son inintelligence lui soit
aussi léger, qu'il est lourd pour nous!

Mon cher ami, croyez-moi, ceux qui veulent soulever
ces questions, sans être sûrs que l'Angleterre se mettra
pour ainsi dire en lieu et place du vice-roi et traitera
pour lui, me semblent comme des enfants qui se trouvent devant un cours d'eau : ils voient la surface lim-
pide et tranquille; ils croient pouvoir le traverser à gué;
mais, au premier pas qu'ils font, ils enfoncent jusqu'à
la poitrine, et au second, ils se noient parce qu'ils per-
dent pied.

Pour me résumer et afin de vous bien faire saisir les
arguments pour et les arguments contre, les capitulations, et les *usages* qui seront toujours invoqués comme
faisant partie intégrante des capitulations, j'appelle
votre attention sur le paragraphe du travail de la commission française, où la question est traitée au point de
vue personnel du vice-roi et de l'état du pays. Les
objections et les arguments *ad hominem* de ce paragraphe témoigneront toujours contre nous dès qu'il s'agira
d'innover quelque chose, et Hammond ou lord Stanley,
après avoir écrit la dépêche publiée dans le *Blue-Book*,
avaient sans doute en vue ce paragraphe et ces arguments *ad hominem*, lorsqu'ils écrivaient ou disaient :
« Le vice-roi veut établir la justice chez lui; très bien!
» Mais pourquoi exige-t-il comme condition préalable
» que les Européens s'y soumettent dès le commence-
» ment. Si le vice-roi est si épris de justice, qu'il
» établisse d'abord cette justice chez lui, qu'il s'y sou-
» mette dans ses rapports avec ses sujets. Si cette jus-
» tice est vraiment bonne, impartiale, si le vice-roi est
» le premier à la respecter, soyez tranquilles, les gou-

» vernements ne feront aucune difficulté à y soumettre
» leurs nationaux, et ces nationaux, d'ailleurs, y auront
» recours d'eux-mêmes, dès que le vice-roi aura démon-
» tré par des preuves préalables qu'il est sérieux dans
» son désir et qu'il n'est mu dans ses efforts que par
« un sentiment d'ordre et de progrès. » Ce langage de
Hammond est officiel et vous avez au *Foreign-Office*
plus de 700 pièces échangées sur la réforme.

Que voulez-vous que je réponde à des arguments de
cette nature, que les autres puissances aussi avan-
çaient également ?

Je disais que le vice-roi voulait établir la justice,
mais qu'il sentait qu'il ne pouvait l'établir que grâce au
concours de magistrats indépendants; que ces magistrats indépendants, il ne pouvait les trouver qu'en Europe; qu'il lui était difficile, pour ne pas dire impossible, d'installer des juges chrétiens et européens; de les
présenter aux populations indigènes, musulmanes,
comme des hommes impartiaux et justes, méritant
toute confiance, lorsque de l'autre côté les Européens
eux-mêmes, en ne se soumettant pas à la décision de
ces mêmes juges leurs coreligionnaires et à leurs juge-
ments, appelaient sur eux une défiance naturelle.

Je ne comprenais pas que dès qu'il s'agissait de justice, dès qu'il s'agissait d'y amener le vice-roi, loin de
m'aider, on me contrecarrait. Ces difficultés eurent leur
bon côté parce qu'elles m'aidèrent à obtenir du vice-roi,
comme témoignage de sa sincérité, que lui, le premier,
serait soumis à la loi appliquée par ces mêmes tribunaux
dont la compétence serait étendue sur toute la population
de l'Egypte. Dès que j'eus pris cet engagement, je me dis
que mon but était atteint, à savoir *que je n'allais pas
dépouiller les Européens de la force qui constituait leur
protection, que je n'allais pas les faire descendre au niveau*

des indigènes, mais qu'au contraire j'allais élever les indi-
gènes au niveau des Européens, et qu'enfin à la place de
l'autorité consulaire, qui protégeait seulement l'Européen
sans courrir l'indigène, et même au détriment de celui-ci,
j'allais avoir un tribunal jugeant publiquement et cou-
vrant de la protection de la loi, d'une manière uniforme
et égale l'Européen et l'indigène; qu'en outre j'allais faire
disparaître toute inégalité entre eux, et conséquemment
tous sentiments hostiles qui existent toujours lorsqu'une
classe est privilégiée et l'autre dépourvue de tous droits.
(I have been buffled afterwards, but this will come by
and by).

J'ai exprès souligné ces lignes, car pour moi elles ex-
priment la solution de la question d'Orient. Qu'est-ce
que la conférence de Constantinople a cherché à faire ?
N'est-ce pas le traitement équitable du Bulgare par le
Turc et la disparition de l'inégalité des droits entre ce
même Turc et ce même Bulgare ? (Je ne parle pas de la
valeur des propositions de la conférence), n'est-ce pas
le dernier mot de la question d'Orient, qui se renouvel-
lera probablement après la paix, même la Turquie sor-
tant victorieuse de la guerre ? Remarquez, cher ami, qu'il
ne suffit pas aux Turcs de sortir triomphants de la
guerre pour que la question d'Orient finisse ; il faut que
les Turcs s'organisent et administrent leur pays de manière à le rendre riche, fort, et à l'abri des convoitises
dont un faible est toujours l'objet. Or, les Turcs, après
cette guerre, peuvent-ils s'organiser d'eux-mêmes et par
eux-mêmes, ou bien auraient-ils besoin du secours de la
science et du savoir européens? Je suis de cette dernière
opinion; mais, dans ce cas, comment l'intervention européenne agira-t-elle, pour, au lieu d'une aide et d'un
secours, ne pas devenir, par une ingérence indue, un
obstacle au progrès? Les Turcs auront à choisir la

forme. — Est-ce sous forme de capitulations que cette ingérence se manifestera et agira ? Est-ce sous la forme de la réforme judiciaire ? Est-ce sous celle du contrôle de Goschen ? ou est-ce sous celle des propositions de la conférence plus ou moins amendées ? ou bien enfin sous celle de la note Andrassy ?

Avant de vous donner ma propre opinion, je vais vous donner l'opinion indirectement exprimée de Lyons, il y a juste dix ans de cela, et celle de l'empereur Napoléon, donnée à peu près à la même époque.

En 1866 éclata la révolte de Candie, fomentée par la Russie. Le vice-roi proposa et offrit un contingent à la Porte, qui l'accepta. Mais le vice-roi, par l'intermédiaire de son agent à Constantinople, et sans se rendre compte de la portée de ses demandes, s'adressa directement au sultan pour lui demander de lui accorder : 1° Le droit d'entretenir une armée, dont le chiffre ne serait pas déterminé par la Porte; 3° D'avoir une marine militaire, en dehors de l'autorisation de la Porte; 3° D'avoir le droit de créer un ordre (décoration); 4° D'avoir le titre d'aziz; 4° De battre monnaie; 6° D'avoir des ministres accrédités auprès des puissances étrangères; 7° De conclure des traités; 8° De faire des lois.

Le sultan indigné renvoya l'agent au grand-vizir, qui lui défendit à son tour d'ouvrir la bouche sur un sujet de cette nature. Le vice-roi embarrassé, et d'autant plus embarrassé qu'il n'avait pas idée de la portée de ses demandes, me fit venir de Paris où je me trouvais alors. Il me fut facile de lui démontrer qu'il avait purement et simplement demandé son indépendance politique, indépendance que l'on pouvait bien conquérir, mais que l'on ne demandait pas, et c'est alors que je lui exposai que notre indépendance n'était pas liée à tel ou tel privilége obtenu de la Porte, mais bien dans notre force;

qu'elle, à son tour, ne pouvait être que le résultat d'une bonne administration ; que cette bonne administration était impossible avec dix-sept consulats dans le pays, disposant de 150,000 Européens, et jouissant d'une autorité morale et matérielle, dirai-je, égale à celle du vice-roi, et entravant l'autorité du vice-roi ; que la première chose à faire, c'était de réduire ces autorités étrangères, ce qui ne pouvait se faire que par l'établissement d'une justice à laquelle tout le monde serait également soumis. C'est alors que je lui présentai le plan de la réforme judiciaire et que mon départ pour Constantinople fut décidé. Pas besoin de vous dire qu'à mon arrivée à Constantinople le grand-vizir refusa de me reconnaître et même de me recevoir; le vice-roi était soupçonné d'être l'allié secret des Grecs, d'en avoir à sa solde et d'être prêt à la révolte. Les demandes du vice-roi avaient corroboré tous ces soupçons. Les ambassadeurs me reçurent froidement. La première chose que je fis fut de jeter à la mer tout le bagage dont le vice-roi m'avait chargé et de ne conserver par devers moi que la demande : 1º de faire pour l'Egypte spécialement des lois distinctes de celles de l'empire (le firman de Mehemed-Aly porte que ce sont les lois de la Porte qui sont en vigueur en Egypte); 2º D'avoir l'autonomie complète, financière et administrative de l'Egypte ; 3º Le droit de faire avec les puissances, non pas des traités de commerce, mais simplement des conventions, des arrangements de douane, et enfin le droit de nous entendre directement avec les puissances sur la question des capitulations en tant que celles-ci concernent les relations des étrangers avec la population et le gouvernement. Toutes ces demandes me furent accordées après vingt jours de négociations, mais je ne les obtins que parce que je démontrai qu'elles ne tendaient toutes qu'à

un seul but, celui d'avoir entre nos mains les moyens :
1° D'établir et de faire fonctionner une justice composée
d'éléments compétents, et partant étrangers ; 2° De
négocier avec les puissances l'établissement de cette
justice, qui, en changeant la base des rapports des
étrangers avec les indigènes, mettait fin à leur ingérence dans nos affaires intérieures ; 3° de parvenir enfin
par là à nous organiser d'une manière régulière. Lorsque lord Lyons eut entendu le développement de toutes
ces idées, parmi lesquelles la justice était aussi repré-
sentée comme un frein au pouvoir absolu du vice-roi,
pouvoir qui jetait dans l'administration tout autant de
trouble que l'ingérence arbitraire des consulats y jetait
de désordre, lord Lyons me dit en propres termes :
« Vous avez transformé les propositions du vice-roi
» tendant à l'indépendance de l'Egypte et à sa sépara-
» tion de la Turquie, en une question d'organisation qui
» aura pour votre pays des conséquences salutaires et
» qui pourra étendre une action bienfaisante sur les
» autres parties de l'empire. » L'opinion ainsi exprimée
par l'ambassadeur ne vise pas la valeur intrinsèque de
la justice, mais bien la valeur de l'organisation judiciaire proposée par moi, comme forme de l'ingérence
européenne dans les affaires de l'Orient.

L'Empereur Napoléon, lorsque j'eus présenté ma note
publiée dans votre *Blue-Book*, me fit appeler et m'invi-
ta à lui exposer toute la situation ainsi que mes idées. Je
le fis,—Mais c'est une révolution morale que vous entreprenez, me dit-il. — Je le sais, Sire. — Et qu'en dit le vice-
roi ? — *Le vice-roi pense, répondis-je, que sa dynastie,
pour se soutenir en Egypte, au cas où quelque catastrophe
arriverait en Orient, a besoin de s'appuyer sur un ordre
quelconque de choses, Or, en Egypte, il n'y a ni corps de
clergé, ni corps aristocratique, ni bourgeoisie ; il n'y a*

qu'un pouvoir tout-puissant et une population, qui n'est pas un peuple. — Sur quoi alors sa dynastie pourrait-elle s'appuyer ? Sur rien, sinon sur la justice créée, organisée, qui de cette façon deviendrait *une institution solide et en même temps un appui inébranlable.* — « J'en félicite le vice-roi, répondit l'Empereur, mais comme je vous l'ai dit, c'est une révolution morale que vous entreprenez, et qui pourra fournir *un élément à la solution de la question d'Orient.»* Je vous prie de croire, cher ami, que ce sont les propres paroles de l'Empereur que je rapporte. Quant à mon opinion, cher ami, vous la connaissez; Etablissement d'une justice, et si j'en parle ce n'est pas au point de vue de la justice, dont la nécessité est aussi évidente chez les Hottentots que chez les Egyptiens, que chez les Turcs, que chez vous, mais surtout au point de vue de la forme la moins embarrassante sous laquelle l'ingérence d'une nation peut s'exercer à l'égard d'une autre. Ajouter à cette base, qui est générale, la forme adoptée par Goschen, celle du contrôle comme il l'a établi et avec les pouvoirs qu'il a mis à sa disposition. Pour moi, le contrôle de Goschen est l'idéal de la forme à adopter, *au cas où une ingérence en Turquie serait néeessaire.* La forme de Goschen a cet avantage immense qu'elle n'entrave les vice-rois dans aucune de leurs actions, dans aucune mesure que leur intelligence ou leur caractère ou leur connaissance des mœurs, des habitudes de leur pays peuvent leur faire adopter, pourvu que ces mesures soient dirigées dans le sens du bien. Un Oriental, pour moi, gouvernera mieux qu'un Européen ; le danger de l'Oriental, c'est que n'étant retenu par rien, il ne se laisse aller à ses penchants d'arbitraire qui le mènent au mal. Le contrôle de Goschen est là pour l'arrêter dans cette voie. Un Européen qui n'a pas le caractère oriental ne peut avoir la prétention de gouverner un pays qui a des idées, des mœurs qui lui sont propres, idées dont l'Européen ne peut se rendre compte, et qu'il ne saurait conséquemment apprécier. Mais l'Européen, plus ou moins, peut discerner le mal du bien, et arrêter les vice-rois dans la voie du mal, et les aider par sa science et son savoir-faire, dans la voie du bien.

· Le contrôle de Goschen est donc très bien entendu; les deux éléments qui doivent se faire contre-poids sont bien à leur place. En un mot, si les vice-rois agissent conformément à la régularité, à la légalité, ils jouissent de la plénitude de leurs pouvoirs et en outre ils trouvent dans les contrôleurs, des instruments intelligents, des conseillers instruits. Si, au lieu d'agir dans ces sentiments, les vice-rois se laissent aller à l'arbitraire, ils se voient aussitôt arrêtés, et les contrôleurs agissent sur eux, comme un frein. Dans ce cas, il se peut que le bien ne sorte pas de la lutte, mais certainement le mal est entravé, et c'est déjà un bien lorsqu'on peut entraver un mal.

Le contrôle que Goschen a imposé à l'Egypte pour son bien, je l'avais aussi proposé au vice-roi, et je me rappelle la date. C'était le 14 mai 1875, quatre jours après que le ministre des finances m'eût proposé la suspension pure et simple du paiement des bons du Trésor. Depuis 9 heures du matin jusqu'à minuit, à trois reprises différentes, j'ai passé la journée en tête-à-tête avec le vice-roi, le priant, le suppliant de ne pas suspendre les paiements par un simple décret comme le conseillait Ismaïl-Pacha, à l'instar du grand-vizir Mahmoud, mais bien d'arriver à un arrangement avec les créanciers, arrangement auquel on arriverait facilement, en montrant la situation financière avec franchise et en donnant des garanties pour l'avenir, par l'introduction dans le minis-

tèré des finances, *de deux ou trois personnes choisies
parmi les créanciers qui veilleraient, par elles-mêmes,
à ce que le ministre exécutât religieusement les conditions
du concordat.* Je prédis au vice-roi que s'il n'adoptait
et de sa propre initiative ce que je lui proposais, les
créanciers nous imposeraient un contrôle, ce qui était
attentatoire à sa dignité et à son indépendance comme
prince et comme gouvernement; tandis que la mesure
adoptée *proprio motu* ne portait aucune atteinte ni à sa
dignité, ni à son indépendance. Le vice-roi ne me répondit pas; mais il ne me parla plus d'affaires, si ce n'est
une ou deux fois lors de l'arrivée de Cave. — Le résultat de ma prévoyance et de ma prophétie, vous le
voyez. Je suis à Paris, au lieu d'habiter paisiblement
ma maison du Caire. Si la Porte après la fin de cette
guerre horrible, fait d'elle-même ce que Goschen a
imposé au vice-roi, ce que je lui ai conseillé de faire
de sa propre initiative; la Porte, sans porter atteinte
à son indépendance ainsi qu'à sa dignité, se sera assuré
le concours de la science administrative de l'Europe,
tout en écartant l'ingérance politique des gouvernements
étrangers. Ainsi, pour moi, l'organisation de la Turquie, après cette guerre, et partant la fin de la question
d'Orient, se résument dans l'appel que la Porte ferait à la
science européenne qui lui servirait de contrôle, d'ins-
trument et d'instruction et cela en dehors de l'action des
gouvernements. Si la Turquie prend cette voie, que j'ai
ouverte par l'appel fait à la magistrature européenne,
si elle le fait sérieusement et sincèrement, la Porte
devient riche et puissante à jamais. Ne pas oublier que
chez elle aussi l'organisation judiciaire est de première
nécessité, et qu'elle aura beau appeler des capacités
administratives européennes à son aide, ces capacités européennes lui seront de peu de secours, s'il n'y a

pas de sécurité de transactions, sécurité contre les abus de pouvoir de la part des fonctionnaires. Or, cette sécurité ne peut s'obtenir que par l'organisation de la justice. Vous voyez, cher ami, où m'a entraîné le mot de capitulations. L'on ne peut pas toucher à ce mot qui signifie « garanties, » « ingérence » sans soulever un monde de questions : capitulations, réforme judiciaire, contrôle, administration en Orient, ne sont-ce pas tous des termes synonymes ou plutôt des termes différents visant tous le même objet.

Pour rentrer dans la question spéciale posée par vous, à savoir « les capitulations favorisent la contre-» bande — les capitulations empêchent que les Euro-» péens soient taxés également avec les indigèn s, » je vous ai démontré que ces assertions n'étaient nullement exactes et que les capitulations étaient innocentes du mal qu'on leur imputait. Je sais que ceux qui dirigent les affaires en Egypte ne sont pas à même de comprendre la question comme je l'ai posée, ou bien, s'ils la comprennent, qu'ils ne sont pas capables de la résoudre en agissant ouvertement dans le vrai sens. Mais alors qu'ils n'attaquent pas la question des capitulations avec les puissances, car ils créeraient une question là où aucune question n'existe.

Pour ce qu'on appelle l'*inviolabilité du domicile*, qu'ils aient recours aux moyens fournis par les capitulations elles-mêmes et que je vous ai indiqués. Dès que l'on sera sûr que l'administration n'abuse pas de son pouvoir, la stipulation du délégué consulaire — qui est obligé de suivre la police — tombera d'elle-même ou sera remplacée par la présence d'un officier du tribunal.

Pour les taxes, toutes sont payées par les Européens, ou si elles ne le sont pas, le droit du gouvernement à les prélever n'est point contesté. Reste l'impôt de patente.

— D'après tout ce que je vous ai dit, je suis sûr que celui-ci est également dû, mais pourquoi le réclamer maintenant ? Qu'on établisse les municipalités et qu'on dise aux conseils municipaux de pourvoir eux-mêmes à leurs dépenses ; ils seront bien forcés de s'imposer et de se payer eux-mêmes ce droit de patente. Pourquoi courir après des difficultés, tandis que les moyens les plus simples sont à votre disposition ? Il y a des questions qu'il faut élever pour les résoudre ; il y en a d'autres qu'il faut, au contraire, limiter, amoindrir. Comment se fait-il que les contrôleurs ne conseillent pas le vice-roi ? Leur rôle est de conseiller, tout aussi bien que de contrôler.

Cher ami, mon papier est épuisé, ma lampe s'éteint et ma pendule sonne deux heures du matin. Ma tête bout et je vais encore passer une nuit sans dormir ; c'est donc deux nuits d'insomnie que vous me devez.

Paris. — Imp. SCHILLER, faub. Montmartre, 16.

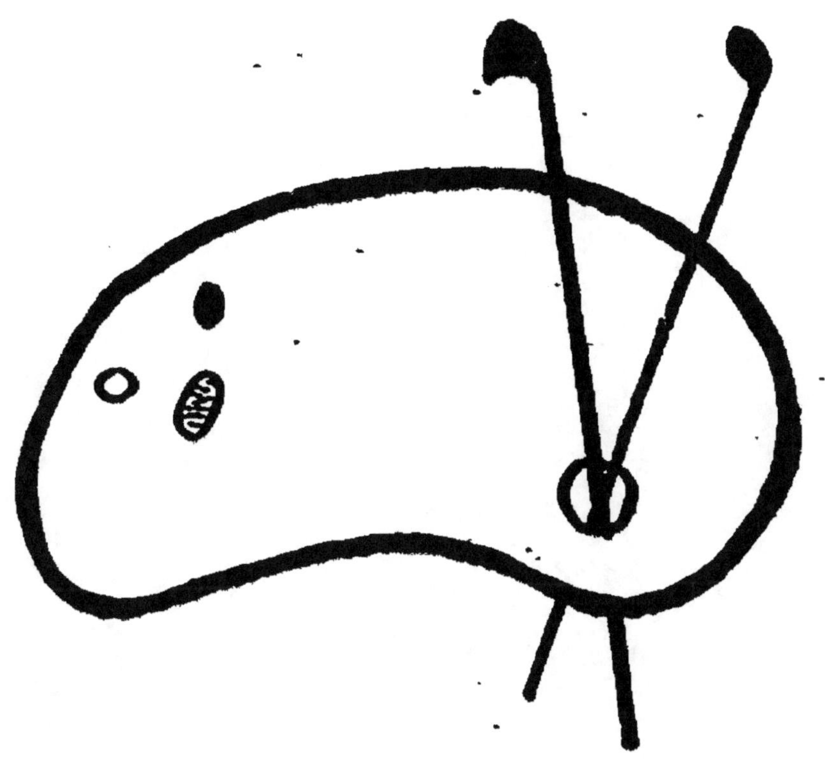

ORIGINAL EN COULEUR
NF Z 43-120-8